讓我吃雪吧！
Let me eat snow!

曾經有些人跟我說這個故事很差，

勸我不要出版這本書，因為它差得甚至會影響我的名聲。

我聽完後……很猶豫應不應該出版，

於是又讓我的朋友看了一遍這故事。

朋友看完後，微笑著跟我說，

這故事的結尾不就已經解答了你的問題嗎？

奈樂樂 Nalok・Lok

冬天到了！
雪人可以從雪人鎮出來了！

雪人很喜歡和小朋友玩。

每次玩一會，他都會跟小朋友說：
「餵我吃雪！快餵我吃雪！」

因為雪人真的很愛吃雪。

雪人太愛吃雪了，
於是他每天都飛奔出去和小朋友玩，
也每次都讓小朋友不停地餵他吃雪。

漸漸地，漸漸地，貪吃的雪人身體越吃越大……

「轟」！ 是甚麼聲音？
雪人鎮裏的雪人們都往入口看。
原來不經意間，雪人的身體已變得又大又笨重，
快要大得不能回到鎮裏。

同伴們都替他擔憂，如果他回不到鎮裏，
到夏天來臨時，就會活活被太陽融化掉。
於是，大家都很急切地提醒他不要再吃雪。

但是，雪人實在太喜歡吃雪了，
他沒有聽同伴的話，繼續讓小朋友餵他吃雪。

同伴們每每看見他的身體越來越龐大更加憂心，
只好不斷地，不斷地提醒他。

終於他下定決心，留在山洞不再出鎮，
不再跟小朋友玩耍，不再吃雪。

但是，他感到很難受，
很空虛，空虛得要死。

眼見雪人經已很痛苦，
但為了他著想，他的同伴只好繼續
不停地警誠他：

「你已經很胖了，千萬不要再胖下去，
否則太重就走不動路！」

「你看，我們的身體都很細小，
誰也想為自己身體好，
你應該以我們為目標才對哦！」

過了幾天，
雪人終於再也忍耐不住，
不顧一切想要外出。

同伴們只好努力解釋，
這一切都只是為他好而已，
因此他應該留在雪洞裏。

可是，他一直在想，一直想……
為何我一定要聽他們的話留下來？
然後他用了畢生最大的力氣大叫：

「不行！
我不可以繼續這樣下去！」

終於，
他不再理會同伴們的勸告。
他決定再踏出雪人鎮！

然後整個冬天，
他都和小朋友一起玩耍，
繼續讓小朋友餵他吃雪，
吃雪的滿足感真的讓他很快樂。

他覺得：「哈哈！我就是要這樣玩和吃雪才高興，誰也不可以改變我的喜好和生活，我亦不會再理會旁人的指指點點了！」

然後他一直在吃雪，胖得再也走不動路，但他吃得很開心。

夏天終於來臨了，
他很想回雪洞，
但他再也走不動了⋯⋯

他知道自己很快就會被融化，
感到有點害怕。

但是回想過往幸福的生活，
雪人抬頭望向太陽，面帶微笑，
然後慢慢融化了。

後記：

不用害怕別人的反對，
有時別人甚至會強迫你信服他們才是對的。
但是，請相信自己，讓自己勇敢一點，
堅持自己喜歡或者覺得對的事吧。

因為，如果那真的是你想做的事，
即使到最後結局未必如意，你也不會後悔的。

更何況，結局到最後一刻或許會有轉機，
別人所反對的也許不一定正確。
可能最好的還未來臨而已~

為何我會這樣說？
你翻到下一頁你就知道了 :)

奈樂樂 2021.02.05

● 魔女的謊言

● 龜兔再賽跑

● 最強的是什麼？

● 讓我吃雪吧！

心靈勵志5

讓我吃雪吧！

作　　　者：奈樂樂
美　　　編：陳勁宏/奈樂樂
封面設計：奈樂樂
出　版　者：少年兒童出版社
發　　　行：少年兒童出版社
地　　　址：台北市中正區重慶南路1段121號8樓之14
電　　　話：(02)2331-1675或(02)2331-1691
傳　　　真：(02)2382-6225
E—MAIL：books5w@gmail.com或books5w@yahoo.com.tw
網路書店：http://bookstv.com.tw/
　　　　　https://www.pcstore.com.tw/yesbooks/
　　　　　https://shopee.tw/books5w
　　　　　博客來網路書店、博客思網路書店
　　　　　三民書局、金石堂書店
總 經 銷：聯合發行股份有限公司
電　　　話：(02) 2917-8022　　傳 真：(02) 2915-7212
劃撥戶名：蘭臺出版社　　帳號：18995335
香港代理：香港聯合零售有限公司
電　　　話：(852)2150-2100　　傳真：(852)2356-0735
出版日期：2021年6月 初版
定　　　價：新臺幣280元整 (精裝)
ISBN：978-986-97136-4-1